ACERTIJOS MATEMÁTICOS

Yavé Gutiérrez

editores mexicanos unidos, s.a.

Acertijos Matemáticos

Yavé Gutiérrez

D.R. © Editores Mexicanos Unidos, S.A.
Luis González Obregón 5-B. Col. Centro
Delegación Cuauhtémoc
C.P. 06020. Tels. 55-21-88-70 al 74
Fax: 55-12-85-16
editmusa@mail.internet.com.mx
www.editmusa.com.mx

Miembro de la Cámara Nacional
de la Industria Editorial. Reg. No. 115.

Edicion julio 2006
ISBN 968-15-1636-2

Impreso en México
Printed in Mexico

Introducción

Ya que en ocasiones anteriores nos hemos encontrado, definiremos rápidamente lo que significa un acertijo y los diferentes tipos de presentaciones que puede tener.

Los acertijos y juegos de palabras se pueden encontrar prácticamente en todas las culturas y épocas.

Los acertijos están considerados como cuestiones que son muy difíciles de resolver y fueron tomados muy en serio en tiempos bíblicos. En la mitología griega tenemos ejemplos claros de los acertijos. Sansón los debe resolver por cuestiones de vida o muerte.

Las charadas se resuelven adivinando una serie de claves, igual que en las adivinanzas. Muchas de éstas son juegos de palabras, como la siguiente: "Agua pasa por mi casa, cate de mi corazón" (el aguacate).

Los jeroglíficos combinan palabras, símbolos y dibujos.

El anagrama, que significa letras al revés, consiste en reordenar las letras o sílabas de una frase para formar otra. Se atribuye su paternidad al filósofo griego Licofrón, aunque es sabido que los acertijos no son propiedad de nadie.

Los acrósticos consisten en tomar la primera letra de cada verso o grupo de vocablos para formar una palabra. Los primeros cristianos usaron un pez como símbolo por la palabra en griego, que era un acróstico de Jesús, Cristo, Dios, Hijo, Salvador.

El crucigrama lo inventó Arthur Wynne y se publicó por primera vez el 21 de diciembre de 1913.

En el siglo XIX, Currier e Ives imprimieron muchos rompecabezas visuales con personas, animales u objetos escondidos.

¡SALUDOS!

Estás por internarte en un mundo mágico, maravilloso, que te transportará a los más recónditos sitios de tu mente.

Los acertijos que a continuación se presentan los puede resolver cualquier persona; sin embargo, este tomo está diseñado especialmente para aquellos jóvenes que están cursando el segundo o tercer grado de secundaria.

Los acertijos se remontan muchísimos siglos atrás. Creo que éstos comienzan a existir desde que el hombre tiene la capacidad de hacerse preguntas sobre su entorno, sobre él mismo o sobre problemas que parecían muy difíciles. En los jeroglíficos antiguos se han encontrado algunas preguntas tan enigmáticas que pueden ser consideradas como verdaderos acertijos.

Te deseo suerte y que tu paso por los acertijos sea de tu agrado. Intenta resolverlos por todos los medios antes de ver las respuestas.

Un acertijo puede ser un crucigrama, una pregunta que requiera una respuesta lógica, un famoso buscapiés, que es una pregunta capciosa o cuya solución es tan trivial que no se encuentra fácilmente, o bien, las adivinanzas, que son un tipo clásico de acertijo.

Esperamos que esta recopilación satisfaga plenamente tus expectativas acerca de los buenos acertijos.

José Gutiérrez

Presentación

Comencemos con la serie de acertijos clásicos. La gente no los olvida y encontrarás un entretenimiento súper.

Probablemente estos acertijos requieran una gran atención de tu parte, por lo que te pedimos que te acomodes y te concentres.

Recuerda que la concentración implica que te pongas cómodo, que estés bien comido y tranquilo y que dispongas de buena iluminación. Si lo consideras necesario, trae pluma o lápiz, una calculadora y, en fin, todo lo que consideres necesario para hallar las soluciones.

La recopilación del siguiente material nos llevó a la búsqueda de acertijos que tuvieran una fina redacción para que tú pudieras entender con mucha precisión qué es lo que se cuestiona. Casi todos están acompañados de una serie de dibujos que pueden o no dar una respuesta. Puede que simplemente estén ahí para ilustrar lo que se pretende que se entienda.

Dedicado a mi esposa, hijos y padres

1. LOS CUADROS

El siguiente acertijo es tan clásico que, con algunas modificaciones, se presenta hasta en las escuelas.

Observa los siguientes cuadros y anota los números pares que hay a partir del 2 y hasta el 14, de suerte que su suma dé 24 en todas las direcciones.

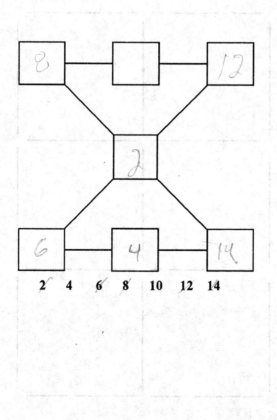

2. LOS PALILLOS

Observa lo que a continuación se presenta. Este acertijo es tan interesante que te quedarás con los ojos abiertos.

Deberás aceptar que si a seis le quitas seis es igual a dos. Se muestran 6 cuadros formados por 17 palillos, de suerte que si quitas 6 de éstos encontrarás formados dos cuadrados. Si observas bien la cuestión, entenderás con precisión.

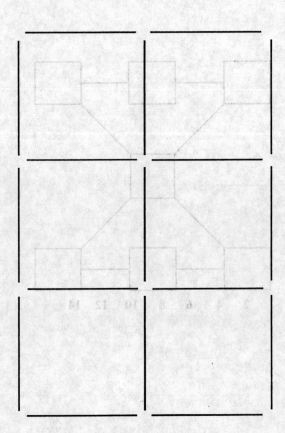

3. EL TOCADOR DE PUERTAS

En la casa de mi mamá está un niño de lo más travieso. Se la pasa tocando la puerta a intervalos iguales. Con un cronómetro me puse a tomar el tiempo que tardó en tocar 6 veces y fue exactamente de 35 segundos. Con esta información, di cuánto se tardará en tocar 12 veces.

En este acertijo debes pensar como si tú fueras el niño que toca la puerta.

4. LA MEDIDA

En la tienda de don Alberto venden aceite de oliva por litros, y lo menos que despachan son cinco litros. Un buen día llegó José a comprar 6 litros de aceite, pero el día anterior don Alberto no estuvo en la tienda, atendió su sobrino Pedro y nadie sabe dónde dejó las medidas para despachar el aceite. Las únicas que aparecieron fueron las de 5 y 7 litros.

¿Le podrías ayudar a don Alberto y decirle de qué manera puede despachar los 6 litros con estas 2 medidas?

5. EL ORDEN DE LAS OPERACIONES

En el cuadro que a continuación se presenta faltan algunos números y algunos signos de operación. ¿Podrías indicar cuáles faltan para que al final en la casilla de abajo del lado derecho el resultado sea 10?

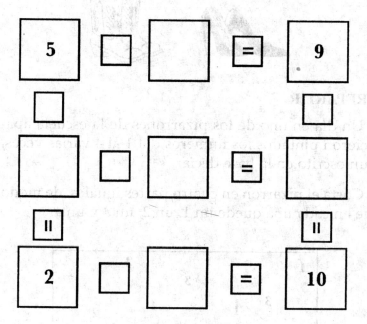

6. ACOMODANDO ZAPATOS

En una zapatería, un dependiente desea acomodar 9 cajas de zapatos, de suerte que se formen 8 líneas de 3 cajas cada una.

¿Podrías ayudarle?

7. REPARTIR

Un día en uno de los pizarrones de la escuela aparecieron pintados los números del 1 al 4 varias veces, y un escrito en la base decía:

Corta el pizarrón en cuatro partes iguales, de modo que en cada una quede un 1, un 2, un 3 y un 4.

```
   1                    2
              3              4
      3          
          1         4
                          2
   4        2
                  1
                          3
   2        3         4
                      1
```

8. EL OJO AVIZOR

Un conocido prestidigitador del siglo XXI, en una de sus presentaciones en un famoso teatro de la ciudad, reto a todo el público a que con las 8 letras que él iba a sacar del sombrero formaran 8 palabras diferentes, una de una letra, una de dos, otra de tres, etcétera.

Trata de formarlas y demuéstrale al prestidigitador que es cuestión de querer.

A   O   L

I   T   O

R   B

9. TODA PREGUNTA REQUIERE UNA RESPUESTA

En los alrededores de una central de camiones, se encuentra un señor que con el siguiente acertijo gana dinero, pues quien no lo puede resolver debe pagarle cierta cantidad.

Él les da un papel y les pide que si tienen 5 veces 5 los encierren en 6 rectángulos, de suerte que cada rectángulo contenga un número non, nunca un par.

Lo resuelves o le pagas.

10. DE MATEMÁTICAS

Una operación famosa está por presentarse. Tienes 4 números, dos operaciones y un signo igual. Resuelve de suerte que tengas una igualdad.

Los números son el 2, 3, 4, 5, y las operaciones tú dedúcelas, de tal manera que puedas tener una ecuación matemática válida.

11. UNOS ANAGRAMAS

Hablando de ese gran país que es México, presentamos los anagramas de 10 de sus estados. Recuerda que los nombres están revueltos y tú debes acomodarlos.

a) URAEVCZR   e) SAPAIHC

b) AOLANIS   f) OLLITLAS

c) SACETACAZ   g) OGNARUD

d) NOELOVEUN   h) SAPILUAMAT

12. CÓMO SE LLAMA

El tío de Juan tiene 5 sobrinos. Uno se llama Mario, otro Luis, uno más José, el cuarto es Manuel. ¿Cómo se llama el quinto sobrino?

13. EL MÁS GRANDE

En la granja de una zona rural de la ciudad de México nacieron exactamente a las 13:00 horas del día 29 de febrero del año en curso, un caballo y un pollito; sin embargo, después de tres años resulta que es más grande el pollito que el caballo.

¿Nos puedes decir por qué?

14. FIGURAS MATEMÁTICAS QUE TANTO GUSTAN

Completa las sumas, de modo que los números de los rectángulos den como resultado el número del rectángulo de abajo con el que se hallan unidos por medio de líneas.

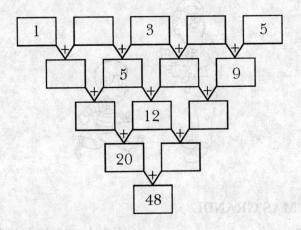

15. OTRO DE MATEMÁTICAS

Utiliza los números pares 2, 4, 6, 8, 10, 12, 14, 16, 18, 20, 22 y 24, de suerte que los que coloques en los círculos interiores sean la mitad de la suma de los números que coloques en los círculos exteriores. Los números en los círculos interiores deben aparecer en forma consecutiva; por ejemplo: 8, 10, 12; éstos son consecutivos pares.

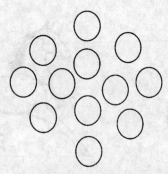

16. EL JUEGO DE VOLIBOL

Observa el siguiente dibujo y señala todos los errores que encuentres.

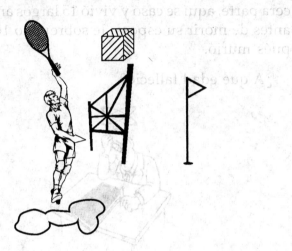

17. LAS ÁREAS

Observa las figuras siguientes y di cuál tiene la mayor área.

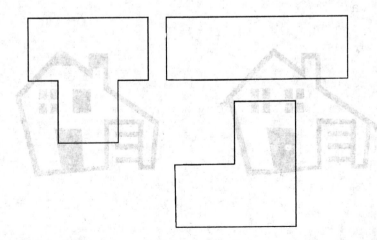

18. CHECA LA EDAD

En su infancia, Pedro vivió 1/6 parte de su vida, su adolescencia la vivió en 1/12, su juventud fue una tercera parte, aquí se casó y vivió 15 largos años de casado antes de morir su esposa, le sobrevivió 10 años y después murió.

¿A qué edad falleció?

19. ENCUENTRA LAS DIFERENCIAS ENTRE LOS DOS DIBUJOS

a

b

c

d

20. DE PARIENTES

Pon atención a la mención y obtén una respuesta de acuerdo con la petición.

Si el único hermano de la única hermana de tu padre tiene un hijo único, ¿qué parentesco tiene contigo?

21. DE CANTIDAD

Pedro le dijo a Juan: "Si me das uno de tus dulces, tendremos la misma cantidad". Juan le dijo a Pedro: "Si tú me das uno de los tuyos, yo tendré el doble".

22. DE DISTANCIAS

Un ciclista haciendo sus ejercicios sale del D.F. hacia Acapulco a las 8:00 p.m. Una hora después sale un automóvil a 50 km/h.

¿En el momento que el automóvil alcanza al ciclista, cuál de los dos se encuentra más lejos de Acapulco?

23. LOS CUADRADOS

Observa la figura donde $a + b = c$ y $e + b = h$.

Para responder las preguntas que aparecen más adelante, debes tener en cuenta los números del 1 al 7.

Está dos veces el 3.

La $d = 1$.

La f es el doble de b.

La h corresponde al último número en forma ascendente.

¿Cuáles son los valores de a y c?

¿Qué operación debe estar en los cuadritos para que aparezca el 1?

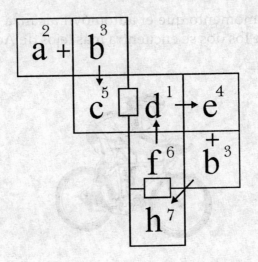

24. LA LECHE

En el pueblo de Madaneria las muchachas van por la leche al establo a las 5 de la mañana.

Aquel 17 de octubre a las cuatro de la mañana fue levantada Lupita para que trajera la leche. Le encargaron 10 litros y la mandaron con dos cubetas, una con capacidad de 8 litros y otra de 5 litros.

Al siguiente día, el 18 de octubre, fue mandada Juana (hermana de Lupita) a traer la leche con los mismos recipientes, pero le encargaron 11 litros.

Explícanos de qué manera ellas trajeron las cantidades señaladas de leche.

25. LOS 15 MAGNÍFICOS

Acomoda los 15 primeros números naturales, de suerte que formen un triángulo y que la suma de sus tres lados o tres hileras sea exactamente 54.

1, 2, 3, 4, 5, 6, 7, 8, 9, 10, 11, 12, 13, 14, 15

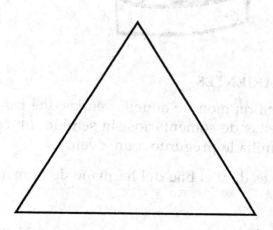

26. DENTRO DEL RESTAURANTE

José es el encargado de un restaurante y diariamente la tortillería le entrega 9 paquetes de 1 kilo cada uno.

Cierto día José decide cotejar los pesos de las tortillas, pero la balanza de dos platos que tiene sólo la puede usar 2 veces y él cree que uno de los paquetes pesa menos.

¿De qué manera debe pesar los paquetes para determinar cuál es el que pesa menos?

27. DE PARIENTES

En una reunión de aquellas en las que las pláticas están llenas de comentarios sin sentido, un conocido de la familia le preguntó a un joven:

¿Qué es de ti el hijo del hermano de tu madre?

¿De qué manera coinciden los apellidos?

28. DE LOS MESES

Algunos meses del año tienen 31 días y otros 30.

¿Cuántos tienen 28 días?

29. LAS FECHAS

En la historia se hace referencia en forma muy exacta a las fechas en que sucedieron los hechos. A continuación aparecen dos series de números, cada una de las cuales determina una fecha en el orden en que aparecen las cifras ¿Nos puedes decir qué fechas son?

2, 3, 4, 5, 6, 7, 8, 9, 0, 1

1, 2, 3, 4, 5, 6, 7, 8, 9, 0

30. LAS GALLETAS

De la alacena de tu casa saca una caja de galletas que sean redondas. Las puedes colocar así.

Encuentra otras cinco maneras de colocarlas juntas.

31. DE PALILLOS

Ve la colocación que tienen a continuación los 12 palillos.

Reacomoda 3 de ellos y obtén 3 cuadros iguales.

32. LOS RECTÁNGULOS

Observa el siguiente marco y di cuántos rectángulos puedes ver.

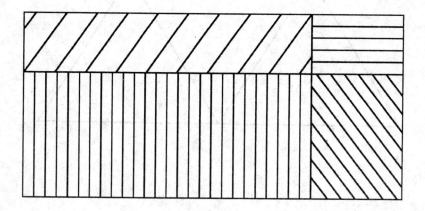

33. EL TRIÁNGULO

En el siguiente triángulo se presentan dos áreas: la del triángulo grande y la de un triángulo interior.

Si el área del triángulo grande es de 6.40 cm², ¿cuál es el área del triángulo sombreado y a qué parte del triángulo mayor equivale?

¿Cuántos triángulos son?

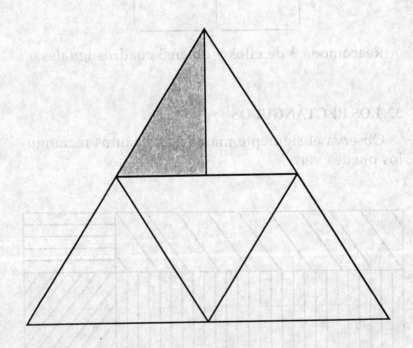

34. EL CUADRADO

Fíjate en el triángulo que aparece dentro del cuadrado. Si el área del cuadrado es de 64 m², ¿cuál es el área del triángulo?

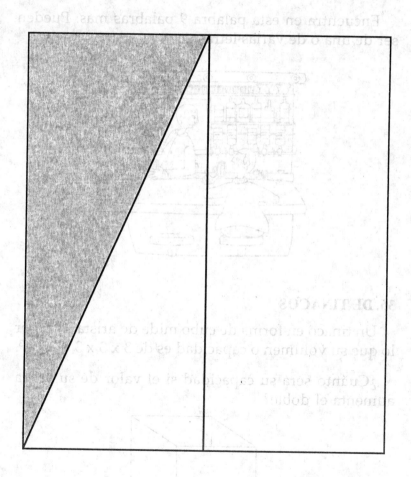

35. ULTRAMARINOS

Ultramarinos se llaman unas tiendas donde los productos que preferentemente están a la venta son vinos y licores, incluyendo algunos productos enlatados importados.

Encuentra en esta palabra 9 palabras más. Pueden ser de una o de varias letras.

36. DE TINACOS

Un tinaco en forma de cubo mide de arista 3 m, por lo que su volumen o capacidad es de 3 x 3 x 3 = 27 m³.

¿Cuánto será su capacidad si el valor de su arista aumenta el doble?

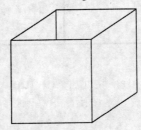

37. LOS TRAPECIOS

El trapecio es un cuadrilátero no paralelogramo.

El trapecio isósceles es el que tiene las dos bases diferentes y sus laterales son del mismo tamaño e inclinadas con el mismo ángulo, sólo que en sentido inverso.

Corta el siguiente trapecio en cuatro más pequeños.

38. OTRO DE TRAPECIOS

El llamado trapecio rectángulo tiene la siguiente forma.

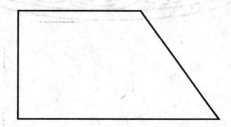

Córtalo en cuatro secciones que también tengan forma de trapecio rectángulo.

39. LA GELATINA EN LA FIESTA

La mamá de Mario sacó un gelatina del refrigerador para dársela después de la cena, de postre, pero la parte a la mitad para el día de mañana.

Una mitad la guarda en el refrigerador y la otra mitad la divide en tres partes. Le da una a Mario, otra a su papá y otra a su hermana.

¿Qué parte de la gelatina se comió Mario?

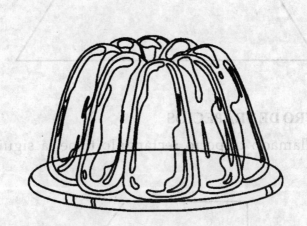

40. SERIE ARITMÉTICA

Observa la serie y dinos qué número sigue.

203, 313, 423, 533, 643...

41. UNO DE PRIMOS

Un número primo es aquel que únicamente es divisible entre él mismo y la unidad.

Anota los 11 primeros números primos sin considerar el 1.

42. DE RECTÁNGULOS

El conjunto de los números naturales consta de los siguientes elementos: 1, 2, 3, 4, 5, 6, 7, 8, 9...

Crea varios rectángulos que tengan de perímetro, todos ellos, 18 cm, y di cuál es el que tiene la máxima área.

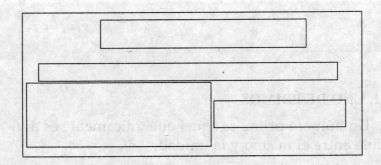

43. DE DADOS

Si un dado tiene 6 caras, ¿cuántas caras habrá en 18 dados?

44. DE FRACCIONES

A la tienda de la esquina, Lulú fue a comprar queso. Compró primero 100 g y después fue a comprar medio cuarto, porque no alcanzó lo primero que compró.

¿Cuándo compró más queso, en la primera o la segunda vez que fue a la tienda?

45. DE DESCUENTO

Por un producto que me costó $240.00 me descuentan $36.00.

¿Cuánto me descontarán si me hacen el mismo descuento de un artículo que cuesta $1 120.00 y qué porcentaje me están descontando?

46. UNA CUBETA

Cuando Sofía pasó por donde se encuentra la llave del agua, vio una cubeta que estaba llena a la mitad, después vino su tía y le vació 4 litros más de agua que traía. Con esta agua la cubeta se llenó hasta las ¾ partes.

¿Cuántos litros de agua en total le caben a la cubeta?

47. LA VENTA DE PELOTAS Y BALONES

En una tienda de deportes venden los balones de balompié a $50.00, el de volibol a $40.00 y la pelota de tenis a $30.00. Si se tienen que comprar 17 piezas con una cantidad de $640.00, ¿cuántas de cada disciplina se pueden comprar sin que sobre ni falte dinero?

48. LAS DISTANCIAS Y EL TIEMPO

Se sabe que la velocidad de la luz es aproximadamente de 300 000 km/seg., y el tiempo en que tarda en llegar la luz del Sol a la Tierra es de aproximadamente 8.2 min (o sea, que si el Sol estalla nos enteraríamos después de ese tiempo).

¿Cuál es la distancia que hay de la Tierra al Sol?

49. EL BALOMPIÉ Y SUS QUINIELAS

Una quiniela en términos futboleros es un documento que dice quién ganará el partido antes de que comience. Existen quinielas en las que se le debe atinar a todos los partidos, que pueden ser hasta 14.

En un partido se pueden presentar 3 situaciones diferentes: que gane el local, que es el equipo que juega en su cancha; que empaten o que gane el visitante, equipo que viene de fuera a jugar.

¿Cuántas combinaciones posibles se pueden presentar al efectuarse dos partidos?

50. UN CUADRO MÁGICO

Utiliza los números del 3 al 11, de suerte que la suma en forma vertical, horizontal y diagonal sea siempre 21.

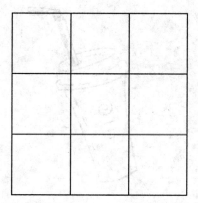

51. LO CRONOLÓGICO

Sabemos que actualmente contamos las fechas ya sea antes de nuestra era, por ejemplo: 30 años a.C., o después de nuestra era: 50 años d.C.

Si una persona nació el 15 de septiembre del año 41 a.C., y murió el día 15 de septiembre del año 59 d.C., ¿cuántos años tenía cuando murió?

52. EL REFRESCO

Si al repartir un refresco se obtienen 12 vasos iguales llenos, ¿qué porcentaje de refresco se tomó Julián si vació 3 vasos?

53. LOS AUTOBUSES

Dos autobuses hacen el mismo recorrido de ida y vuelta. Uno tarda 6 horas y el otro 8 horas en realizarlo.

En el periodo vacacional parten a las seis de la mañana.

¿En cuánto tiempo volverán a encontrarse en el punto de partida?

54. DE VIAJE

Un avión viaja a 600 km/h y hace su recorrido en 6 horas.

¿Qué tiempo tardará en hacer el mismo recorrido si viaja a 720 km/h?

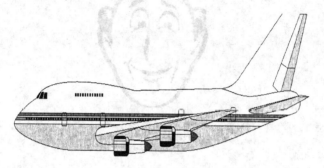

55. EL BUSCADOR

Pon atención: si la sexta parte de un número es 50 y este mismo es la tercera parte de otro, ¿cuáles son los dos números?

56. BUSCA OTROS I

Si la sexta parte del número 108 es también la tercera parte de otro, ¿cuáles son los números?

57. BUSCA OTROS II

El 18 es la quinta parte de cierto número. Encuentra cuánto es la sexta parte de ese número.

58. LA SUMA DE LOS DADOS

Sabemos que un dado es un cubo diseñado para jugar y que cada cara tiene los puntos que corresponden a los números del 1 al 6.

Con esta información, dinos: si sumas todos los números de 6 dados, ¿qué cantidad obtienes?

59. EL RELOJ DESCOMPUESTO

Un reloj de pared de una casa se retrasa 24 minutos cada 24 horas.

¿Cuánto tiempo se atrasará en media hora?

60. EL JUEGO DE LAS PELOTAS

En una caja de cartón, están metidas 30 pelotas moradas, 15 pelotas azules, 13 pelotas cafés, 18 pelotas verdes, 25 pelotas blancas y 56 pelotas negras.

¿Qué probabilidad se tiene de extraer una pelota que no sea de color naranja?

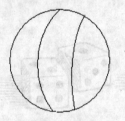 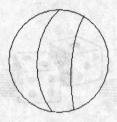 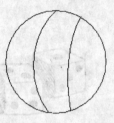

61. UN CUADRO MÁGICO

Completa el siguiente cuadro, de suerte que la suma en todas direcciones sea 45.

Los números son los primeros 9 múltiplos del 3:

3, 6, 9, 12, 15, 18, 21, 24, 27.

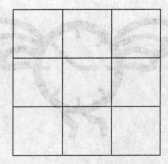

62. EN LA GRANJA

En la granja de don Simón, en uno de los corrales, estaban guardados los patos y las vacas. Su hijo José pasó por la ventana que daba al granero y contó la cantidad de 72 patas, entre las de los patos y las vacas, y 27 cabezas en total.

¿Cuántas vacas y cuántos patos son?

63. SOPA DE LETRAS

Encuentra en la siguiente sopa los animales que están apuntados a continuación:

PERRO, GATO, CANARIO, PALOMA, GALLINA, PATO, CABALLO, BURRO, JIRAFA Y LEÓN.

```
P E R R O D T E P D F R T G H U J I K F A C U B A F M Q X R V Y
B U N I A S D F A G H J K L Ñ P O I U N D S A Q W B U R R O T Y
U I O R Y T R E L Q Z X C V B N M K L O J H G F U J K P A C U B
T R E Q Z X C V O B N M K L J H G F W E T R E W P Ñ H B D S A Q
P E J V B N X C M P E A E D F D F P E L F S E O T A P U J H G F
B U I M K L A E A B U R F V B N I B U A C U B A C U B T A C U B
U I R P T P E G H U I O L G A T O U I D S A Q D S A Q P D S A Q
T R A B Y B U T G T R F S E R F V T R J H G F J H G E B J H G F
P E F U H U I A C U B A C U B A C U B A C U B B N B A U A C U B
B U A T U T R D S A Q D S A Q D S A Q D S A Q A E D N P D S A Q
U I I P Y J K J H G F J H G F J H G F J H G F F T G I B J H G F
T R O B C A N A R I O A C U B A E D F U J K I H Y U L U A C U B
P E A C U B A C U B L D S A Q T G H Y P Ñ H A C U B L T D S A Q
B U D S A Q D S A Q O J H G F O L L A B A C D S A Q A P J H G F
U I J H G F J H G F L P Ñ H F S E R F V B N J H G F G B J K I O
```

64. DEDUCCIONES

a) Observa las figuras y dinos qué tenía la amiga de Beto en la cara, cuando la conoció en la playa.

b) Son unas bases de madera con picos que sirven para tirar a la diana, o para tirarle a los globos en las ferias.

65. OTRAS DEDUCCIONES

A continuación toma la inicial de cada palabra para dar la respuesta correcta.

a) ¿Qué mes tiene 28 días?

b) Completa el siguiente dicho.

El que es buen juez por su casa...

Siempre debería ser así.

66. LA SUEGRA

Piensa y acierta.

¿Qué será de ti la suegra de la esposa de tu hermano?

67. PREGUNTAS FÁCILES, RESPUESTAS FÁCILES

¿Qué será la esposa del quesero?

¿Qué sería donde venden queso?

68. EL ALCALDE

¿Cómo le harías para vacilar al alcalde de New York diciéndole alcaldillo?

69. DE PARIENTES

Ve el resultado de ser un hermano soltero.

¿Qué tipo de parentesco tienes con el esposo de la hija de tu madre?

70. EL ABUELO DICE

¿Qué tipo de parentesco tiene contigo la única nuera de tu abuelo paterno?

71. SIEMPRE EL DOBLE

Añade a la siguiente serie numérica 3 números más.

1, 2, 4, 8, 16...

72. LA SERIE QUE DISMINUYE

Pon tres números más a la siguiente serie numérica.

120, 100, 80, 60...

73. SIEMPRE EL TRIPLE

Anota entre las comas tres números que sean acordes con la serie.

, , , 81, 243, 729...

74. LOS CUADRADOS

Completa la serie considerando que son cuadrados perfectos.

Pon los que faltan entre las comas.

1, 4, 9, , , , 49, 64, 81,100...

75. DE CUBOS

Pon entre las comas los números que faltan en la serie, considerando que la forman cubos perfectos.

1, , , 64, 125, 216, 343, 512...

76. DE CUBOS Y CUADRADOS

Detecta cómo es la serie y complétala. Toma en cuenta que sus elementos son o cubos o cuadrados perfectos. Pon tres números más.

1, 4, 27, 16, 125, 36, 343, 64...

77. EN LA SELVA

Un cazador encontró un elefante que se cayó en un estanque profundo y no sabe qué hacer para salvarlo.

¿Cómo lo sacarías tú?

78. DE TORTILLAS

En la tortillería de doña Paula, son muy rápidos para despachar, y un día les hicieron la siguiente pregunta.

¿Cómo se harían 3 mil tortillas en tres días?

¿Qué crees que doña Paula contestó?

79. DE EDADES

Francisca tiene 40 años más que su hija Jimena, y Jimena tiene 20 años mas que su hija Juana, nieta de Francisca. Si Juana tiene 24 años, ¿cuántos tiene Jimena y cuántos Francisca?

¿Cuántos años atrás Francisca tenía el doble de la edad de Jimena y Jimena el doble de la edad de Juana?

80. LAS FICHAS NUMERADAS

Observa la colocación de las siguientes fichas. Mueve sólo tres de ellas, de suerte que el uno quede en la parte de abajo.

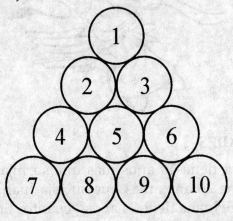

81. CUADROS DE OPERACIONES NUMÉRICAS

Anota los números que faltan. Todos deben estar entre el 1 y el 9.

$$
\begin{array}{ccccc}
\boxed{1} & \times & \boxed{} & = & \boxed{2} \\
\div & & \times & & + \\
\boxed{} & + & \boxed{} & = & \boxed{} \\
\| & & \| & & \| \\
\boxed{} & \times & \boxed{6} & = & \boxed{6}
\end{array}
$$

82. OTRO CUADRO

Anota los números que faltan. Recuerda que debes considerar sólo los que están entre el 1 y el 9.

$$\square - 6 = \square$$

$$| \qquad \div \qquad |$$

$$\square \quad 3 = 2$$

$$\| \qquad \| \qquad \|$$

$$\square \div \square = 1$$

83. UN CUADRO MÁS

Pon, en los cuadros vacíos, números entre el 1 y el 9, de modo que completes correctamente las operaciones.

$$7 - \square = 4$$

$$| \qquad \times$$

$$\square \div \square = \square$$

$$\| \qquad \|$$

$$3 + \square = 8$$

84. EL CUADRO EXTRA

Completa las operaciones con números del 1 al 9.

$$5 - \boxed{} = 3$$

$$\boxed{} - 1 = \boxed{}$$

$$\boxed{} + \boxed{} = 5$$

85. LOS CUADROS DEL ESTRIBO

Completa las operaciones con números entre el 1 y el 9.

$$1 + \boxed{} + \boxed{} = 7$$

$$3 + 5 - 1 = \boxed{}$$

$$5 - 2 - \boxed{} = \boxed{}$$

$$\boxed{} \div \boxed{} \div 3 = 1$$

$$5 + 1 - \boxed{} = 2$$

$$+ \qquad\qquad + \qquad\quad \times$$

$$\boxed{} + 3 - \boxed{} = 1$$

$$+ \qquad\qquad\quad | \qquad\quad \div$$

$$1 + 7 - \boxed{} = \boxed{}$$

$$\| \qquad\qquad\quad \| \qquad\quad \|$$

$$\boxed{} \div \boxed{} \div 3 = 1$$

86. DE DOS EN DOS

Utiliza los números del 1 al 8, de suerte que sumados de dos en dos den como resultado 9.

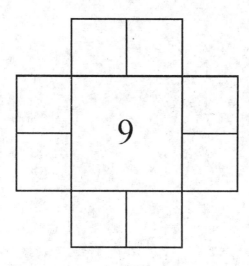

SOLUCIONES

1. LOS CUADROS

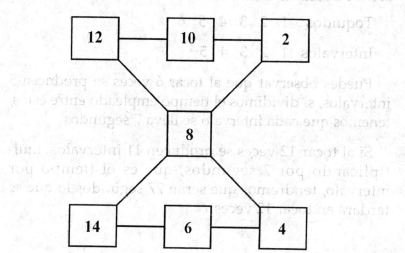

2. LOS PALILLOS

3. EL TOCADOR DE PUERTAS

Toquidos   1 2 3 4 5 6

Intervalos 1 2 3 4 5

Puedes observar que al tocar 6 veces se producen 5 intervalos, si dividimos el tiempo empleado entre éstos, tenemos que cada intervalo se lleva 7 segundos.

Si al tocar 12 veces se producen 11 intervalos, multiplicando por 7 segundos, que es el tiempo por intervalo, tendremos que serán 77 segundos lo que se tardará en tocar 12 veces.

4. LA MEDIDA

La forma de despachar es la siguiente:

Primero llena el de 5 litros y lo vacía en el de 7, después vuelve a llenar el de 5 y vacía parte en el de 7; como ya tenía 5, sólo le caben 2 quedando 3 en el de 5; éstos se vacían en el recipiente del cliente. Se repite la operación y se tendrán exactamente 6 litros.

5. EL ORDEN DE LAS OPERACIONES

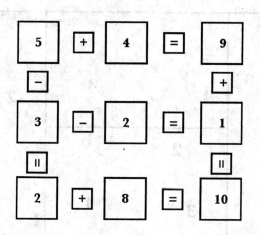

6. ACOMODANDO ZAPATOS

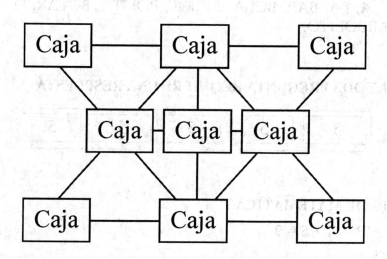

7. REPARTIR

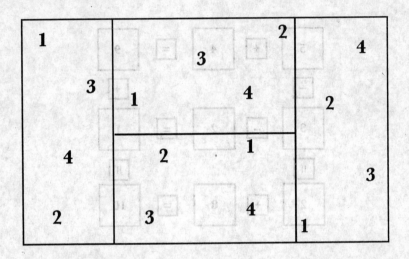

8. EL OJO AVISOR

A, LA, BAR, BOLA, ÁRBOL, BOLITA, BOTARLO, ARBOLITO.

9. TODA PREGUNTA REQUIERE UNA RESPUESTA

5	5	5	5	5

10. DE MATEMÁTICAS

$3^2 = 4 + 5 = 9$

11. UNOS ANAGRAMAS

a) VERACRUZ

b) SINALOA

c) ZACATECAS

d) NUEVO LEÓN

e) CHIAPAS

f) SALTILLO

g) DURANGO

h) TAMAULIPAS

12. COMO SE LLAMA

Juan.

13. ES MÁS GRANDE

Porque el pollito tiene tres años y pico.

14. FIGURAS MATEMÁTICAS QUE TANTO GUSTAN

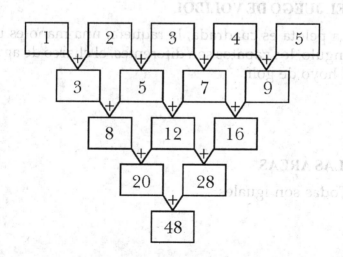

15. OTRO DE MATEMÁTICAS

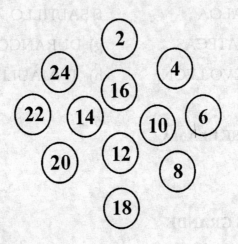

16. EL JUEGO DE VOLIBOL

La pelota es cuadrada, la raqueta, una mano es un triángulo, los zapatos son diferentes, el charco de agua y el hoyo de golf.

17. LAS ÁREAS

Todas son iguales.

18. CHECA LA EDAD

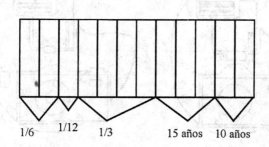

1/6   1/12   1/3   15 años   10 años

$$1/6\,p + 1/12\,p + 1/3\,p + 15 + 10 = p$$
$$2/12\,p + 1/12\,p + 4/12\,p + 15 + 10 = p$$
$$7/12\,p + 25 = p \qquad p - 7/12\,p = 25 \qquad 1/4\,p = 25 \qquad P = (25)(4) = 100$$

19. ENCUENTRA LAS DIFERENCIAS ENTRE LOS DOS DIBUJOS

a

b

 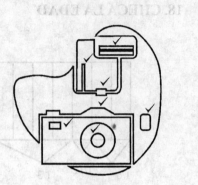

c

d

20. DE PARIENTES

Eres tú mismo.

21. DE CANTIDAD

Resuelve el sistema de ecuaciones y obtén el resultado.

$$P + 1 = J - 1$$
$$P - 1 = 2(J + 1)$$

Esto es: Juan tiene 1 dulce y Pedro 3.

22. DE DISTANCIAS

Se encuentran a la misma distancia.

23. LOS CUADRADOS

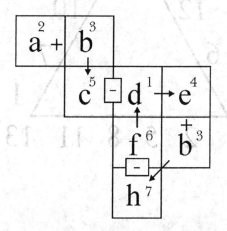

24. LA LECHE

Para Lupe está fácil, pues llena la de 5 litros, la vacía la de 8 y llena nuevamente la de 5 litros y ya tiene 10.

Para Juana está un poca más complicado, pues debe llenar la de 8 litros, vaciar en la de 5 para llenarla y le quedan en la de 8 litros exactamente 3; vacía la de 5 litros y la llena con los 3 que quedaron en la de 8 litros, posteriormente llena la de 8 litros, que sumados con los 3 que tengo en la de 5 litros dan 11 litros.

25. LOS 15 MAGNÍFICOS

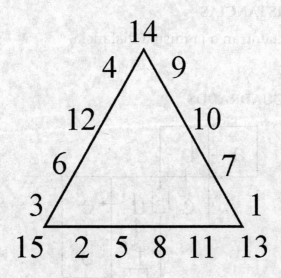

26. DENTRO DEL RESTAURANTE

Ya que la balanza es de dos platos, debe comparar tres montones contra tres montones:

1. Si están balanceados, el que pesa menos está entre los otros tres montones.

2. Si no están balanceados, se toman los tres que pesan menos.

3. Se toman dos de los montones y se pesan en la balanza.

3.1. Si están balanceados, entonces el que no se pesó es el que pesa menos.

3.2. Si están desbalanceados, entonces se determina en forma directa cuál es el que pesa menos.

27. DE PARIENTES

Es primo del joven y su primer apellido es igual al segundo del interpelado.

28. DE LOS MESES

Todos tienen 28 días.

29. LAS FECHAS

23 hr: 45 min: 67 seg, día 8, mes 9 del 01.

12 hr: 34 min: 56 seg, día 7, mes 8 del 90.

30. LAS ROSQUILLAS

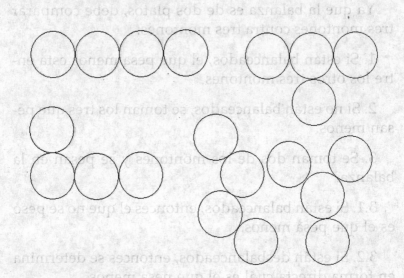

31. DE PALILLOS

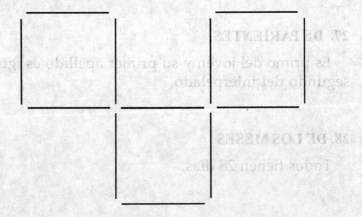

32. LOS RECTÁNGULOS

38 rectángulos.

33. EL TRIÁNGULO

Corresponde a la octava parte y su área es la división de 6.40 entre 8 que es 0.80 cm²·

34. EL CUADRADO

Ya que lo sombreado representa una cuarta parte del cuadrado entonces el área de triángulo sombreado será la cuarta parte de 64 que es 16 m²

35. ULTRAMARINOS

ULTRA, MARI, NO, TRAMA, RAMA, AMA, AMAR, MAR, MARINO.

36. DE TINACOS

$6 \times 6 \times 6 = 2 \times 3 \times 2 \times 3 \times 2 \times 3 = 2 \times 2 \times 2 \times 3 \times 3 \times 3 = 8 \times 27$

Su capacidad es 8 veces mayor.

37. LOS TRAPECIOS

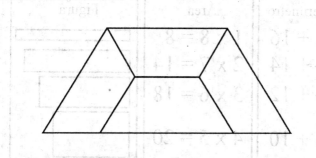

38. OTRO DE TRAPECIOS

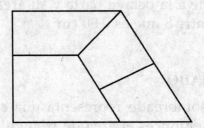

39. LA GELATINA EN LA FIESTA

Se comió una sexta parte de la gelatina.

40. SERIE ARITMÉTICA

753.

41. UNO DE PRIMOS

2, 3, 5, 7, 11, 13, 17, 19, 23, 29, 31.

42. DE RECTÁNGULOS

Perímetro	Área	Figura
2 + 16	1 x 8 = 8	
4 + 14	2 x 7 = 14	
6 + 12	3 x 6 = 18	
8 + 10	4 x 5 = 20	

43. DE DADOS

108 caras.

44. DE FRACCIONES

En la segunda, porque la mitad de un cuarto de kilogramo son 125 g.

45. DE DESCUENTO

El porcentaje es el resultado de multiplicar cociente de la división del número 36 entre 240.

$$36/240 = 0.15 \quad 0.15 \times 100 = 15\%$$

Para encontrar el descuento, debemos multiplicar 1 120 por el 15%.

$1\,120 \times 0.15 = 168$, que es lo que descuentan.

46. UNA CUBETA

Si al echarle 4 litros se llenó ¼ parte, quiere decir que ¼ = 4 litros, por lo que a la cubeta le caben exactamente 16 litros.

47. LA VENTA DE PELOTAS Y BALONES

Si elaboramos unas ecuaciones, nos quedarían así:

$b + v + t = 17$

$50\,b + 40\,v + 30\,t = 640$

Resolviendo obtenemos que v + 2t = 21. Las posibles combinaciones son muchas. Una en particular es que v = 1, t = 10, b = 6.

Lo que querría decir que se compraron 1 balón de voli, 6 de balompié y 10 pelotas de tenis. Encuentra otras.

48. LAS DISTANCIAS Y EL TIEMPO

Si multiplicamos la velocidad por el tiempo, tendremos la distancia recorrida. Antes de multiplicar pasemos los minutos a segundos:

8.2 x 60 = 492 segundos

300 000 x 492 = 147 600 000 km aproximadamente

49. EL BALOMPIÉ Y SUS QUINIELAS

Primer partido	Segundo partido
Local	Local
Local	Empate
Local	Visitante
Empate	Local
Empate	Empate
Empate	Visitante
Visitante	Local
Visitante	Empate
Visitante	Visitante

Son 9 combinaciones diferentes.

50. UN CUADRO MÁGICO

10	3	8
5	7	9
6	11	4

51. LO CRONOLÓGICO

100 años.

52. EL REFRESCO

La cuarta parte.

53. LOS AUTOBUSES

Exactamente en 24 horas: se encontrarán a las 6 de la mañana del siguiente día.

54. DE VIAJE

Es una regla de 3 inversa: se multiplica 600 x 6 y se divide entre 720, dando como resultado 5 horas. Lógico, si va más rápido tarda menos tiempo.

55. EL BUSCADOR

300 y 150.

56. BUSCA OTROS I

$108/6 = 18$, $18 \times 3 = 54$, que es la mitad de 108, y la mitad de 6 es 3.

57. BUSCA OTROS II

$18 \times 5 = 90$, $90/6 = 15$, que es la sexta parte de 90.

58. LA SUMA DE LOS DADOS

$126 = (1 + 2 + 3 + 4 + 5 + 6) \times 6$

59. EL RELOJ DESCOMPUESTO

Medio minuto.

60. EL JUEGO DE LAS PELOTAS

El 100 %, ya que ninguna de la caja es naranja.

61. UN CUADRO MÁGICO

24	3	18
9	15	21
12	27	6

62. EN LA GRANJA

p = número de patos, v = número de vacas.

$p + v = 27$

$2p + 4v = 72 \qquad p + 2v = 36$

$v = 9 \qquad p = 18$

63.- SOPA DE LETRAS

```
P E R R O D T E P D F R T G H U J I K F A C U B A F M Q X R V Y
B U N I A S D F A G H J K L Ñ P O I U N D S A Q W B U R R O T Y
U I O R Y T R E L Q Z X C V B N M K L O J H G F U J K P A C U B
T R E Q Z X C V O B N M K L J H G F W E T R E W P Ñ H B D S A Q
P E J V B N X C M P E A E D F D F P E L F S E O T A P U J H G F
B U I M K L A E A B U R F V B N I B U A C U B A C U B T A C U B
U I R P T P E G H U I O L G A T O U I D S A Q D S A Q P D S A Q
T R A B Y B U T G T R F S E R F V T R J H G F J H G E B J H G F
P E F U H U I A C U B A C U B A C U B A C U B B N B A U A C U B
B U A T U T R D S A Q D S A Q D S A Q D S A Q A E D N P D S A Q
U I I P Y J K J H G F J H G F J H G F J H G F F T G I B J H G F
T R O B C A N A R I O A C U B A E D F U J K I H Y U L U A C U B
P E A C U B A C U B L D S A Q T G H Y P Ñ H A C U B L T D S A Q
B U D S A Q D S A Q O J H G F O L L A B A C D S A Q A P J H G F
U I J H G F J H G F L P Ñ H F S E R F V B N J H G F G B J K I O
```

64. DEDUCCIONES

a) Lunares   b) Dardos

65. OTRAS DEDUCCIONES

a) Todos b) Empieza

66. LA SUEGRA

Tu mamá.

¿ _____ *Yavé Gutiérrez* _____ ?

67. PREGUNTAS FÁCILES, RESPUESTAS FÁCILES

Quesera y quesería.

68. EL ALCALDE

Lo invitas a un banquete en el que los platillos son:

Caldo de camarones, caldo tlalpeño, caldo de pollo.

Y le dices: Señor alcalde, al caldillo, al caldillo.

69. DE PARIENTES

Es tu cuñado.

70. EL ABUELO DICE

Es tu mamá.

71. SIEMPRE EL DOBLE

32, 64, 128.

72. LA SERIE QUE DISMINUYE

40, 20, 0.

73. SIEMPRE EL TRIPLE

3, 9, 27.

74. LOS CUADRADOS

16, 25, 36.

75. DE CUBOS

27.

76. DE CUBOS Y CUADRADOS

729, 100, 1 331.

77. EN LA SELVA

Mojado, muy mojado.

78. DE TORTILLAS

Duras, muy duras.

79. DE EDADES

Jimena 44, Francisca 84.

Cuatro años atrás:

Juana 20, Jimena 40 y Francisca 80.

80. LAS FICHAS NUMERADAS

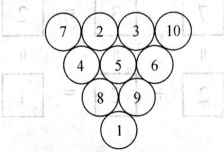

81. CUADROS DE OPERACIONES NUMÉRICAS

$$\boxed{1} \times \boxed{2} = \boxed{2}$$
$$\div \qquad \times \qquad +$$
$$\boxed{1} + \boxed{3} = \boxed{4}$$
$$\| \qquad \| \qquad \|$$
$$\boxed{1} \times \boxed{6} = \boxed{6}$$

82. OTRO CUADRO

$$\boxed{9} - \boxed{6} = \boxed{3}$$
$$| \qquad \div \qquad |$$
$$\boxed{7} \qquad \boxed{3} = \boxed{2}$$
$$\| \qquad \| \qquad \|$$
$$\boxed{2} \div \boxed{2} = \boxed{1}$$

83. UN CUADRO MÁS

$$7 - 3 = 4$$
$$|\quad\quad\quad\quad\quad x$$
$$4 \div 2 = 2$$
$$=\quad\quad\quad\quad\quad =$$
$$3 + 5 = 8$$

84. EL CUADRO EXTRA

$$5 - 2 = 3$$
$$|\quad\quad\quad\quad\quad +$$
$$3 - 1 = 2$$
$$=\quad\quad\quad\quad\quad =$$
$$2 + 3 = 5$$

85. LOS CUADROS DEL ESTRIBO

$$1 + 2 + 4 = 7$$

$$+ \qquad\qquad + \qquad\qquad \div$$

$$3 + 5 - 1 = 7$$

$$+ \qquad\qquad - \qquad\qquad \div$$

$$5 - 2 - 2 = 1$$

$$= \qquad\qquad = \qquad\qquad =$$

$$9 \div 3 \div 3 = 1$$

$$5 + 1 - 4 = 2$$

$$+ \qquad\qquad + \qquad\qquad \times$$

$$3 + 3 - 5 = 1$$

$$+ \qquad\qquad - \qquad\qquad \div$$

$$1 + 7 - 6 = 2$$

$$= \qquad\qquad = \qquad\qquad =$$

$$9 \div 3 \div 3 = 1$$

86. DE DOS EN DOS

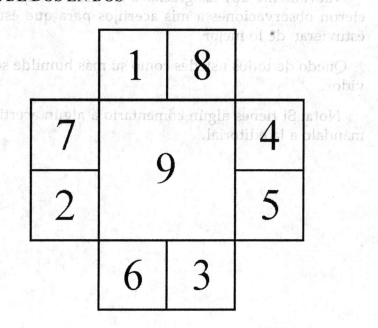

Esperamos que este libro haya sido de tu agrado. Reiteramos que es necesario poner a trabajar nuestro cerebro para encontrar realmente las respuestas que nos plantea la vida. Esto te lo digo por experiencia propia: si piensas, entiendes, si no, no comprendes.

Ante cualquier problema mantén el corazón caliente pero el cerebro frío, de este modo lo que resuelvas será pensado.

Nuevamente doy las gracias a las personas que hicieron observaciones a mis acertijos para que éstos estuvieran de lo mejor.

Quedo de todos ustedes como su más humilde servidor.

Nota: Si tienes algún comentario a algún acertijo, mándalo a la editorial.

BIBLIOGRAFÍA

Acertijos matemáticos 1 y 2.
Editorial Fernández editores.
De Robles.

A jugar con números.
Editorial Selector.
Recaman.

Acertijos enigmáticos.
Editorial Selector.
Maley y Grellet.

Acertijos clásicos.
Editorial Selector.
Barry.

Juegos mentales.
Editorial Selector.
Lamar.

Índice

Colección Textos Complementarios

- MATEMÁTICAS PARA PRIMARIA DE 1ro A 6to GRADO. (MATEMÁTICAS COMPLEMENTARIAS CONFORME A LOS PROGRAMAS DE LA SECRETARIA DE EDUCACIÓN PÚBLICA)

Javier Rosas Cabal

- DICCIONARIO DE FÍSICA PARA SECUNDARIA

Javier Rosas Cabal

- DICCIONARIO DE MATEMÁTICAS

Javier Rosas Cabal

Colección Acertijos

- ENTRETENIDOS ACERTIJOS MENTALES
NOVEDOSOS PASATIEMPOS
Yavé Gutiérrez

ACERTIJOS MATEMÁTICOS
INGENIOSOS ROMPECABEZAS MATEMÁTICOS
Yavé Gutiérrez

- ACERTIJOS DIVERTIDOS
JUEGOS DE DESTREZA MENTAL
Yavé Gutiérrez

500 ACERTIJOS
ADIVINANZAS, COLMOS Y TANTANES
Blanca Olivas

Colección
Misterio y Diversión

Emilio Carballido – Tere Valenzuela

8 años en adelante

- LA MÁQUINA DE EXTERMINAR PESADILLAS
  Emilio Carballido

- EL EXTRAÑO CASO DEL OVNI MISTERIOSO Y OTRAS HISTORIAS DIVERTIDAS
  Tere Valenzuela

- CUENTOS DE MISTERIO Y AVENTURAS PARA NIÑOS
  Tere Valenzuela

- DE LIMPIOS Y TRAGONES ESTÁN LLENOS LOS PANTEONES
  Tere Valenzuela

- DE FAMILIAS EXTRAÑAS Y ALGO MÁS...
  Tere Valenzuela

- LA PIEDRA MÁGICA Y OTROS CUENTOS INFANTILES
  Tere Valenzuela

- OJO POR OJO... DIENTE POR DIENTE Y OTROS CUENTOS
  Tere Valenzuela

Impresos Alba
Ferrocarril de Rio Frio 374
Col. Agricola Oriental